流淌的
中华文明史
战神们的兵器
杜 莹◎编著 朝画夕食◎绘
四川少年儿童出版社

图书在版编目（CIP）数据

流淌的中华文明史. 战神们的兵器 / 杜莹编著；朝画夕食绘. -- 成都：四川少年儿童出版社, 2024. 9.

ISBN 978-7-5728-1614-7

Ⅰ. K203-49；E92-092

中国国家版本馆CIP数据核字第2024RM0519号

出 版 人：余　兰
编　　著：杜　莹
绘　　者：朝画夕食
项目统筹：高海潮　周翊安
责任编辑：周翊安

封面设计：张　雪　汪丽华
插画设计：夏琳娜　赵　欣　马　露
美术编辑：苟雪梅
责任印制：李　欣

LIUTANG DE ZHONGHUA WENMINGSHI ZHANSHENMEN DE BINGQI
书　　名：流淌的中华文明史 战神们的兵器
出　　版：四川少年儿童出版社
地　　址：成都市锦江区三色路238号
网　　址：http://www.sccph.com.cn
网　　店：http://scsnetcbs.tmall.com
经　　销：新华书店
印　　刷：成都鑫达彩印印务有限责任公司

成品尺寸：203mm × 203mm
开　　本：20
印　　张：5
字　　数：100千
版　　次：2024年10月第1版
印　　次：2024年10月第1次印刷
书　　号：ISBN 978-7-5728-1614-7
定　　价：25.00元

地　　址：成都市锦江区三色路238号新华之星A座23层四川少年儿童出版社市场发行部
邮　　编：610023

翠柏路小学五年级学生

姓名：夏小满

身份：问题研究所所长

个性：热爱历史，对万事万物充满好奇心。

口头禅：你知道吗？

最大的愿望：发明时空门，穿越回古代，亲眼看看那些历史名人是不是和书本上画的一样。

夏小满的同桌和邻居

姓名：王大力

身份：问题研究所首席研究员

个性：热衷考古和品尝各地美食。

口头禅：为什么呢？这到底是为什么呢？

最大的愿望：守护、传承中华文明，探寻历史长河里所有有趣好玩的故事。

问题

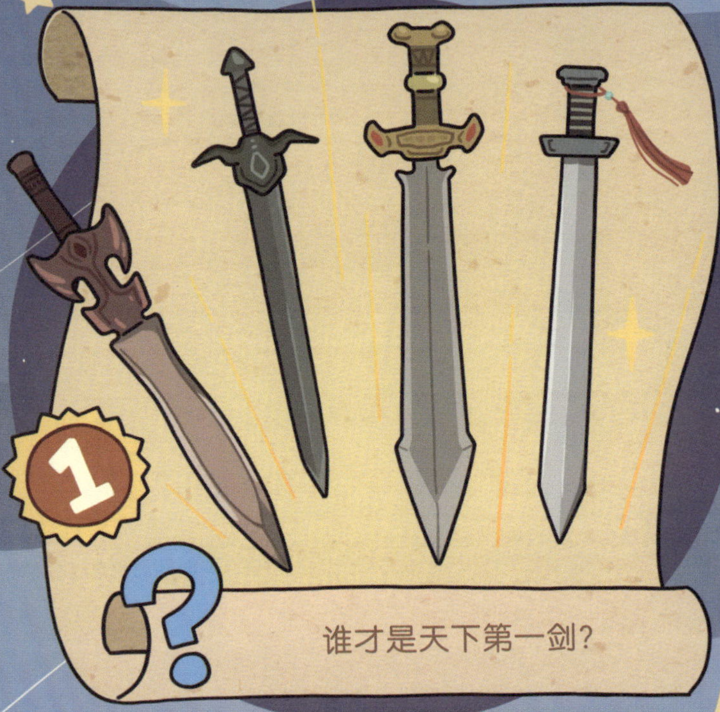
1
谁才是天下第一剑?

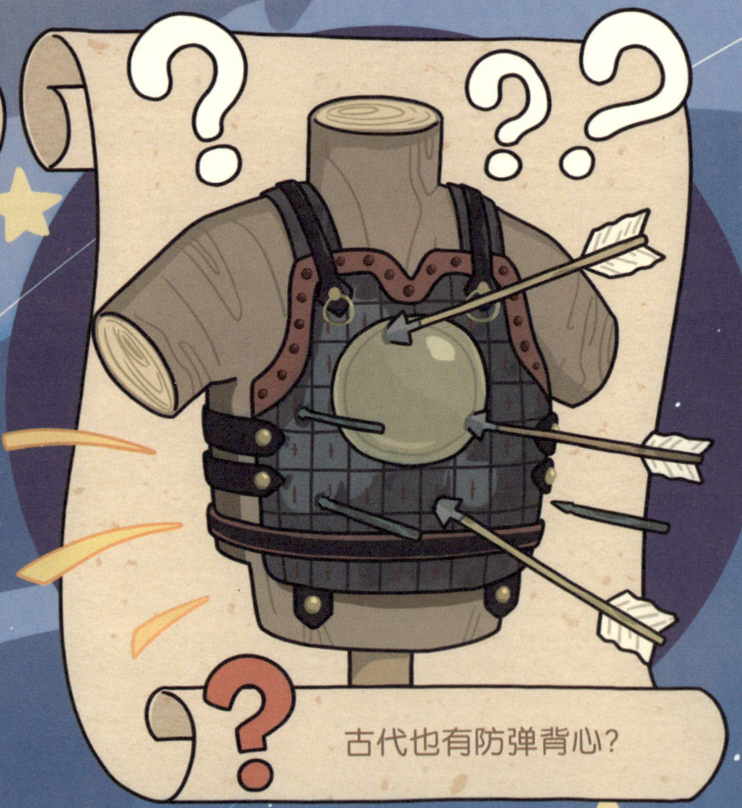
古代也有防弹背心?

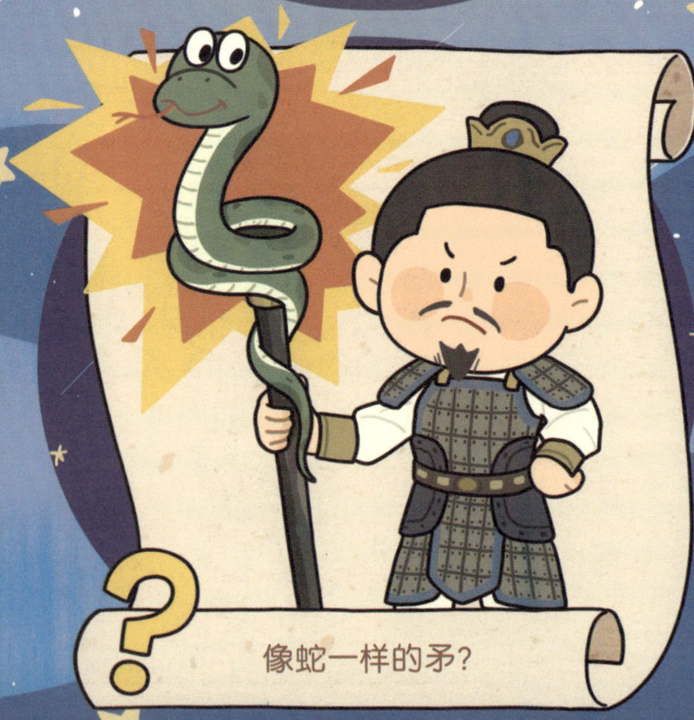
像蛇一样的矛?

研究所
铁刺猬，你见过吗？
诸葛亮还是位武器发明家？
可以爬云梯到天上去？

哈哈哈哈哈哈哈哈哈
不知道了吧！快和我们一起去书中寻找答案吧！

十八般兵器真的只有十八种吗?

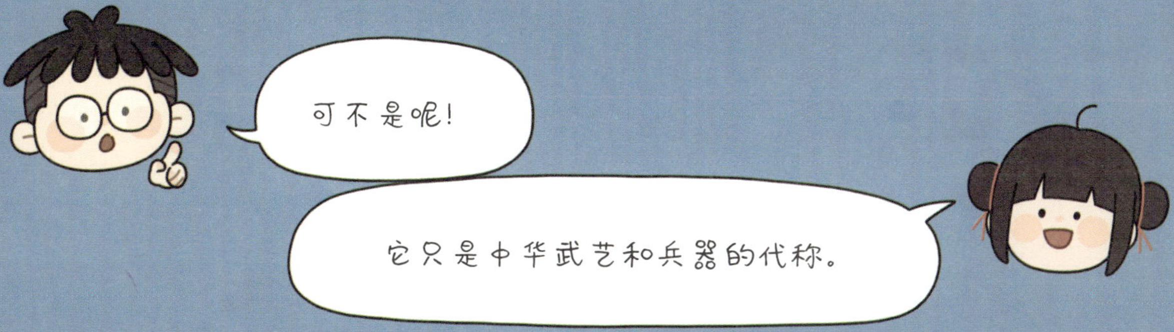
可不是呢!
它只是中华武艺和兵器的代称。

那些赫赫有名的战神都有独门兵器吗?

这些兵器的战斗力排名，你知道吗?

它们与自己的主人之间又有什么故事呢?

中华兵器库里到底有哪些宝贝呢?

快跟着问题研究所的小满和大力去见识见识战神们的兵器吧!

目录

01

武林人士的标配

剑

越王勾践剑

Lv. 14
越
一听这名字就知道它是我的。
勾践
见过前辈。

剑在中国古代冷兵器中非常重要。早在商代，兵器谱上就有了它的身影，不过比起矛、斧、戈这些，它出现得还是晚了不少。

商代的剑是用青铜铸成的，人们用剑来对抗野兽或者敌人等。

啊啊——

到了春秋战国时期，剑的使用就相当普及了，而且这段时间出现了很多闻名天下的剑。

这是我们剑家族的高光时刻。

比如，威名赫赫的越王勾践剑。

是我的小宝贝。

这把宝剑也是采用青铜铸成，剑周身有黑色的暗格花纹，还镶嵌着蓝色的琉璃和绿松石。

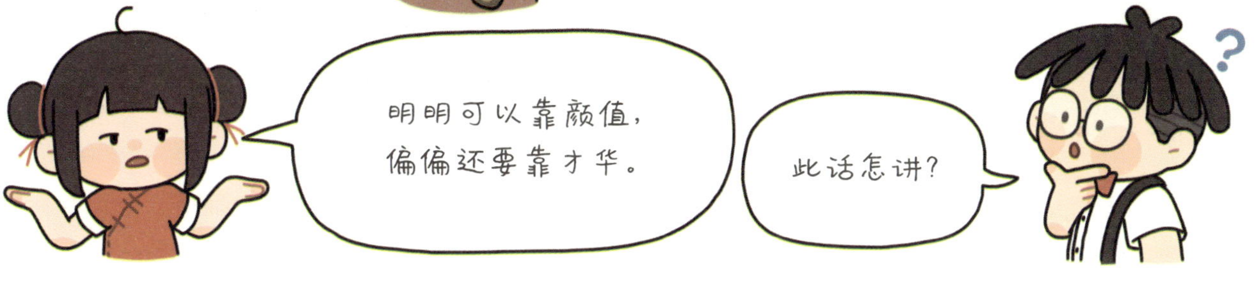
明明可以靠颜值，偏偏还要靠才华。
此话怎讲？

这柄宝剑在地下沉睡了2400多年，出土的时候依旧寒光逼人。其剑刃锋利无比，20余层纸一划而破，不愧为“天下第一剑”。

武力值爆表！

你知道吗？

在古代，剑被广泛使用，是“武林人士”最常用的兵器。

如今，剑也是很多人晨练时用来强身健体的工具。

那你知道剑是由哪几部分组成的吗？

剑由剑柄、剑身和剑鞘(qiào)组成。

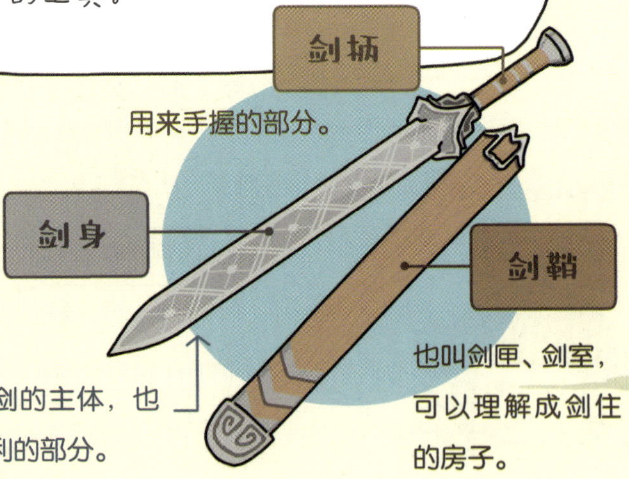
剑柄
用来手握的部分。
剑身
剑鞘
剑刃是剑的主体，也是最锋利的部分。
也叫剑匣、剑室，可以理解成剑住的房子。

快来帮我砍1刀

刀

青龙偃月刀

劳动人民的好帮手！

刀在我国的使用历史非常悠久。早在原始时期，人们把石头磨制成石刀，把蚌壳或者骨头磨成蚌刀、骨刀，用来切割、宰杀猎物或者砍削器物，所以刀一开始的身份是生产生活工具。

到了商周时期，出现了青铜刀。青铜刀很脆，缺少韧性，很容易就折断了，不适合作为劈砍型武器。

哎呀，尴尬了。

我们刀终于要去征战沙场了！

秦汉时期，因为铁器的问世和制作工艺的发展，刀才成为真正的兵器。

到了隋唐，刀的铸造工艺更加炉火纯青，铸炼出来的刀削铁如泥、锋利无比。

刀分为长刀和短刀。

长刀
牛

长刀一般是骑马作战时用的兵器。相传，三国时期鼎鼎大名的战将关羽，他用的就是一柄名为青龙偃(yǎn)月刀的长刀。

短刀

短刀种类很多，几乎是每个士兵的必备兵器，一直到了清代，短刀都是军队中的主要兵器之一。

你知道吗？

关于青龙偃月刀还有个传说。相传，天下第一铁匠选在月圆之夜打造青龙偃月刀，快完工时，天地之间风起云涌，空中飞过一条滴血的青龙，它的鲜血滴在刀刃上。继而，有了“青龙偃月刀”之名。

就是我！
怪不得关羽这么厉害，看来青龙偃月刀真是功不可没啊！
除了青龙偃月刀，关羽还有个大法宝助他上阵杀敌呢。
赤兔马

大杀四方的大个子

jǐ
戟

方天画戟

Lv. 18
吕

三国第一猛将可不只是说说的。
吕布

戟是个组合兵器，由戈和矛组合而成。所以，戟既可以像戈一样钩啄，又可以像矛一样刺击。

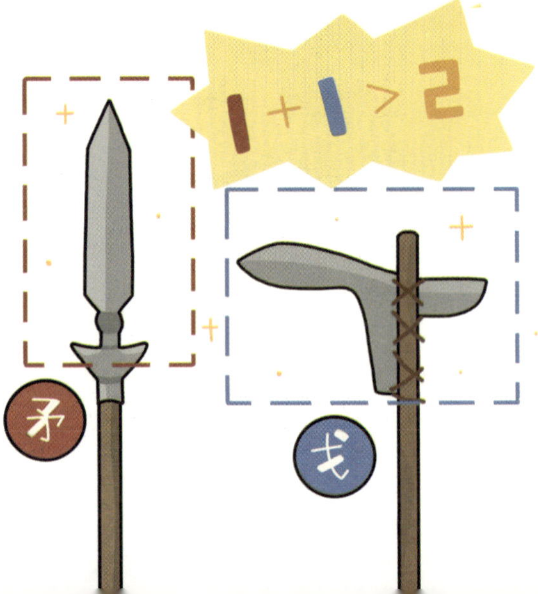
1+1>2
矛
戈

早在商代就已经有戟的身影。

到了西周，戟已经用于上阵杀敌了，但使用还不普遍。

春秋战国时期，因为戟的杀伤力强，在战场上得到迅速推广。不过，随着盔甲制作工艺的进步，戟的发挥被限制了，最终它被其他兵器如枪所代替。

《三国演义》中的第一猛将吕布使用的兵器就是方天画戟。作为重兵器，方天画戟对使用者的要求极高。《三英战吕布》中，吕布骑着赤兔马，挥舞着方天画戟，刘关张三人一齐上阵都没讨得便宜，可见吕布武艺之高、方天画戟威力之大。

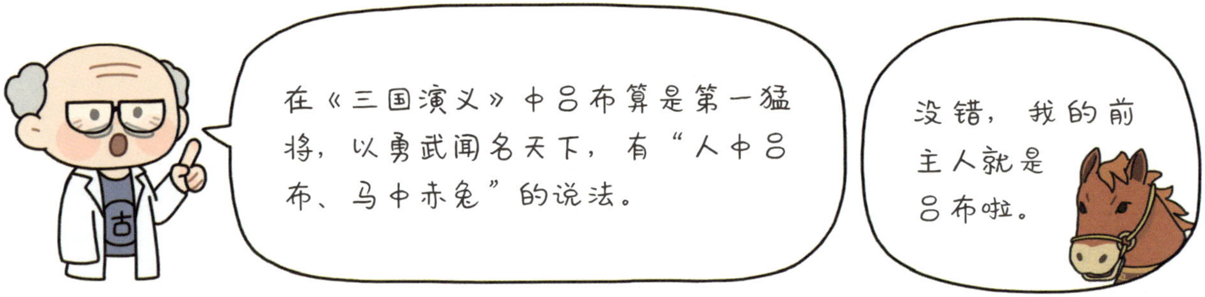
在《三国演义》中吕布算是第一猛将，以勇武闻名天下，有“人中吕布、马中赤兔”的说法。
没错，我的前主人就是吕布啦。

你知道吗？

《三十六计》里面有个计策就跟吕布相关，你知道是哪个计策吗？

我知道！就是“美人计”。

当时，有个奸臣叫董卓，他把握朝政大权，作威作福，大臣们与百姓屡遭迫害，大家对他既恨又怕。但是，董卓势力强大，而且身边还有一个骁勇善战的义子吕布保护，所以没有人能斗得过他。有个人叫王允，他家里有个才貌双全的义女貂蝉，王允先假意将貂蝉许配给吕布，定亲后又转送给董卓，两人在貂蝉挑唆下反目，最终董卓被吕布所杀。

04

名不虚传的百兵之王

枪

龙胆亮银枪

Lv. 20
云

我的枪法一流！
赵云

尖
明天就试试新武器！

在原始社会时期，人们将木棍的一端削尖，用以刺杀猎物或者防身，这算是枪的起源。

枪是矛的升级版。枪的长度一般约是成年男性直立后，其手臂伸直向上至指尖的高度。

弹
弹
弹
救命！

这得有2米了吧？

枪杆大多用木杆或者竹竿制作。例如用白蜡木做的枪杆洁白如玉、坚而不硬，枪杆的柔韧性还可以在对抗中帮助舞枪者通过击打时的弹力借力打力。

枪上最引人注目的要数枪缨了，枪缨有什么用呢？

舞起枪来不仅好看，还威风凛凛。
除了好看，枪缨在舞动的时候还能扰乱敌人的视线，起到迷惑敌人的作用。

在战场厮杀的时候，如果没有枪缨，敌人的血会顺着枪杆流到舞枪人的手上，就会出现打滑而握不住枪杆的情况。

历史上使用枪作为自己看家兵器的名将有很多，《三国演义》五虎将中的赵云、马超等都是用枪。赵云的武器是一柄银枪，大名叫作龙胆亮银枪；马超用的是虎头湛金枪，枪身用混铁精钢打造，此枪锋利无比。

你知道吗？

在泱泱中华历史长河中，出现过各式各样的兵器，但有四样是最为有名的，被称为“四大名器”。你知道是哪四样吗？

它们就是刀、枪、剑、棍。枪位列四大名器之首，为“百兵之王”；剑为“百兵之君”；棍为“百兵之祖”；刀为“百兵之帅”。这四样是众多兵器里的佼佼者。

05

农具的华丽变身

铲

月牙铲

Lv. 12
僧

沙悟净
在文艺作品中，我的兵器经常表现为月牙铲的形式。
降妖宝杖表示不服！

一物多用

铲在民间流传广、使用率高。老百姓和僧侣常常会把这些类似于铲的生产工具当作武器来使用，而平时可以把它当作扁担来挑重物，也可作为开路清障的工具。

铲是由农具演变而来。

早在新石器时代，人们就已经把石头磨薄，制作成石铲。

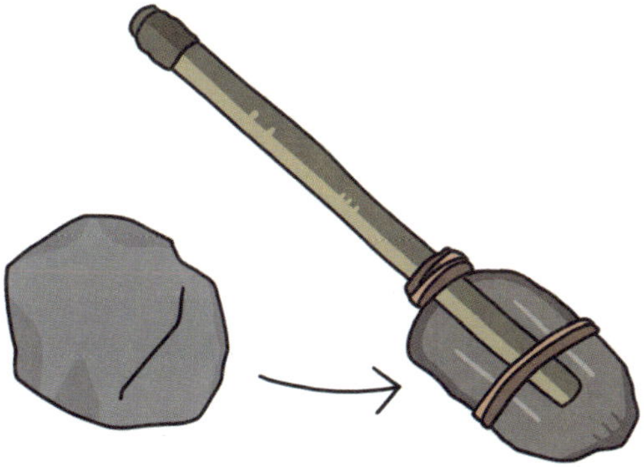

到了商代，已经有了青铜铲。

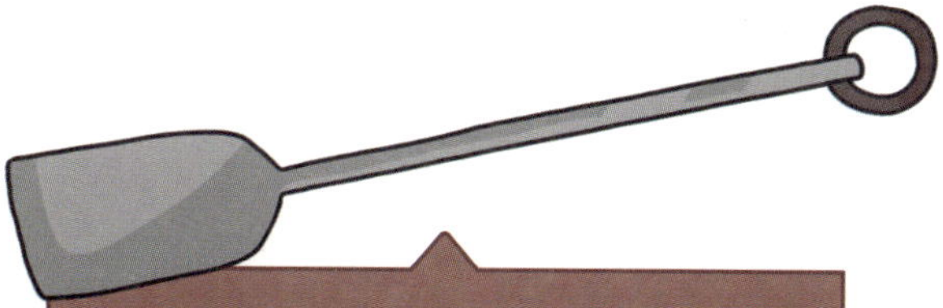

战国时期，又出现了铁铲。

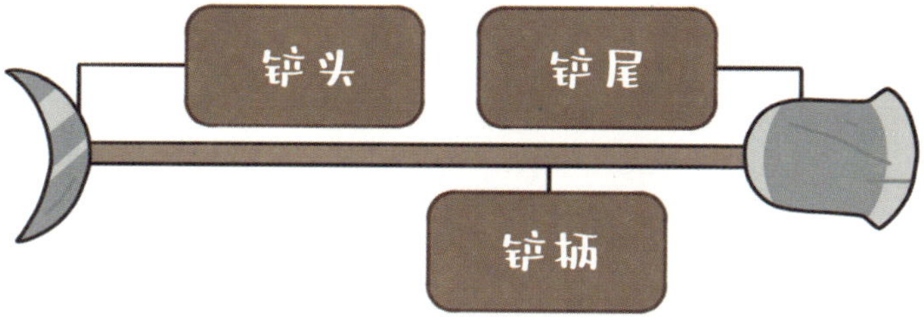

宋末元初时，出现了月牙铲。月牙铲由铲头、铲柄和铲尾三部分组成。铲头像个弯弯的月牙，有些还会在铲头底部安上两个大铁环，与敌人交锋的时候发出“铛铛”声。

除了沙僧，还有一人使用的兵器也总被误传了呢。

后来，经过不断演变，月牙铲成为一种兵器，被少林寺发扬光大，一直传承至今。

你知道吗？

在《水浒传》中，有一位梁山好汉使一把重达62斤的水磨禅杖。他为人仗义，爱打抱不平，武艺高强。你知道这位梁山好汉是谁吗？

他就是“花和尚”鲁智深。

这棍子使起来正合适！
花和尚

06

刺客界的无冕之王

匕首

徐夫人匕首

Lv. 10
荆

荆轲
把匕首藏在地图里吧。

适用场景

- 贴身防卫
- 暗杀

匕首是剑的缩小版，可以刺可以砍。正是因为匕首短小，方便随身携带和隐藏，特别适合近身格斗。即使到了现代，各种先进的武器层出不穷，匕首仍旧是军人必备的随身兵器。

制作匕首的材料也经历了从石头、骨头、青铜，再发展到铁的这么一个过程。

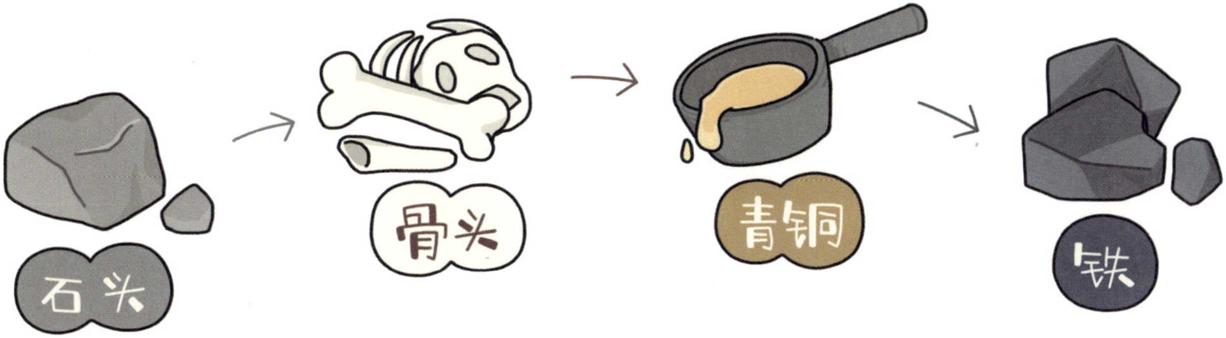
石头
骨头
青铜
铁

早在旧石器时代，原始人就把石头、兽骨打磨成石匕首和骨匕首，用来切、削东西。

商周时期，匕首采用青铜铸造。

离我远点！
危险系数

这个时候，我还不是真正的武器，只能算是生产生活工具。

到了战国时期，用铁铸造的匕首出现了。为了增强匕首的杀伤性，有时还会在匕首上涂上毒药。

徐夫人匕首可以称得上是历史上最有名的匕首之一，因为它参与了一场惊天动地的刺杀事件——荆轲刺秦王。荆轲将匕首藏在地图中，趁进献地图时取出，猛刺秦王。秦王躲开后，荆轲孤注一掷将匕首掷向秦王，可惜没能击中，刺杀行动最终失败。

你知道吗？

匕首因为小巧便捷，在关键时刻可以用来抛掷，以求击中目标。还有一样比匕首更加小巧，专门用来投掷的兵器，你知道是什么吗？

它叫脱手镖，也叫“飞镖”。

飞镖有菱形、棒形等。其尖部锋利；尾部常扎一小段绸缎，称为“镖衣”，其作用是使掷出去的镖飞行更加稳定。

07

快使用双节棍

节棍

双节棍

想不到吧，我还会造武器。

原来，我的祖先是农具，果然生活出真知啊。

节棍是用长绳或者铁链将不同长短的木棍子连在一起，用来攻击敌人。有人认为节棍起源于古人打谷时用的连枷。

节棍根据木棍子的长短和数量有不同的名称：

三节棍

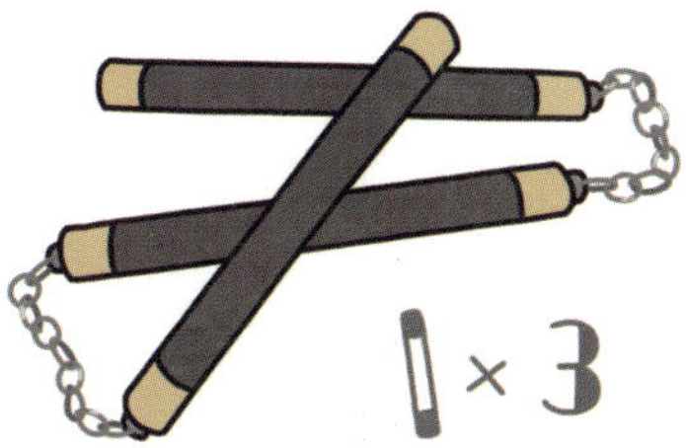

三条等长的短棍中间用铁链连接，其攻击范围可近可远，变化多端。

梢子棍

一节长一节短，短棍用于攻击，长棍用于把持。

双节棍

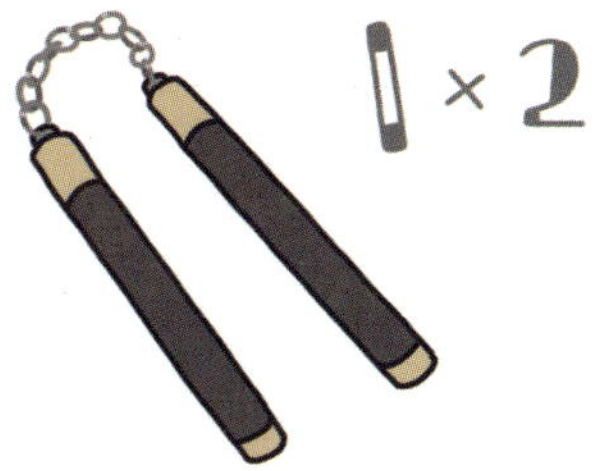

两条等长的短棍中间用铁链连接，可折叠，威力很大。

相传，双节棍是由宋太祖赵匡胤所创。宋太祖年轻的时候也是一员虎将，在一次作战的时候，他手上的棒被折断了，回到营帐后，他用铁链将两截断棒连在一起，带着这个武器继续上阵杀敌。

出人意料的是，这件临时改造的武器非常顺手好用，而且威力大增，所向披靡。自此，赵匡胤对双节棍爱不释手。

你知道吗？

一提到中国功夫，就不得不提到一位当代大人物。他手持双节棍，神采奕奕、英勇不凡的样子深入人心，他把中华武术推向了世界。你猜出这位身手不凡的人是谁了吗？

他就是著名的功夫影星李小龙。他在电影《精武门》中手持双节棍的样子，也成为中国电影史上的经典造型。

08

古代男士炫技装备

弓

轩辕弓

Lv. 32
黄

黄帝
让我的子孙都见识一下它的威力。
兄弟们，原来你们都是过客啊。

弓是一种古老的弹射兵器，极具远程的杀伤力，而且轻巧、方便携带。在古代，各种兵器更新换代，而弓一直是军队中最主要的兵器之一。

弓的历史非常悠久，早在史前时代，人们就已经使用弓箭来猎取动物。

到了春秋战国时期，弓已经是非常普及的作战武器了。当时的男子要学习六种技能，称为“六艺”，而“射”就是其中之一。

这可是我们的必修课程啊。

一直到第一次鸦片战争爆发，因为火枪的迅猛发展，弓才渐渐退出了战场。

弓主要由两部分组成：弓臂和弓弦。

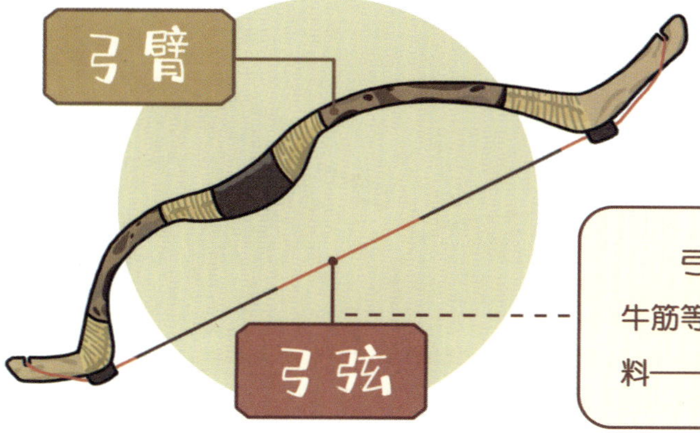
弓臂
弓弦

弓臂要有韧性，一般选用竹、木材制作，不过选材的时候应避开春夏两季采伐的竹、木材。

弓弦要有弹性，北方地区一般用麻、羊肠或牛筋等做成绳线状，南方地区则另外用上了一种材料——蚕丝。

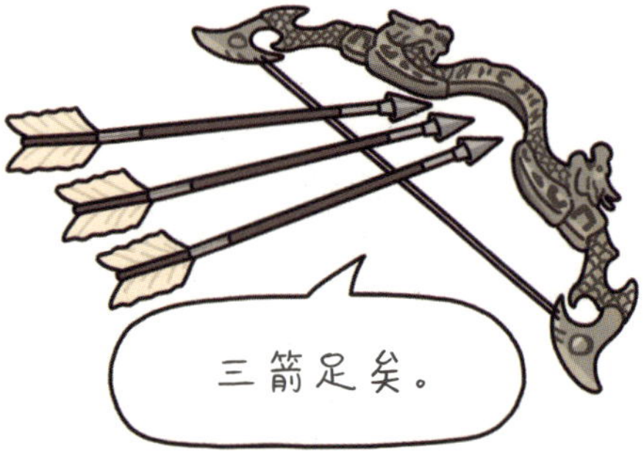

古代的名弓里面有一把轩辕弓，相传是轩辕黄帝铸造的。黄帝跟蚩尤大战时，据说就是用这把弓射出穿心三箭，打败了蚩尤。

你知道吗？

我们形容一个人箭术厉害，常常会用一个叫“百步穿杨”的成语来形容。那你知道百步穿杨这个成语说的是谁吗?

春秋时期，楚国有一位叫养由基的神射手。他能在百步以外准确无误地射中杨柳的叶子，并且百发百中，让人叹为观止。后人就以此成语形容箭法或射击技术十分了得。

09

神射手听令!

nǔ
弩

诸葛连弩

Lv. 40
亮

此弩是以改良者的名字来命名的呢。
诸葛亮

打不过我了吧。

弩是古代兵车战法中重要的组成部分，也是一种步兵有效克制骑兵的武器。

弩很容易上手，而且跟弓相比，它的射程更远，杀伤力更强，命中率更高。强弩的射程可达 600 米，特大型床弩的射程甚至可达千米。所以，历朝历代的军队都很重视对弩兵的训练。

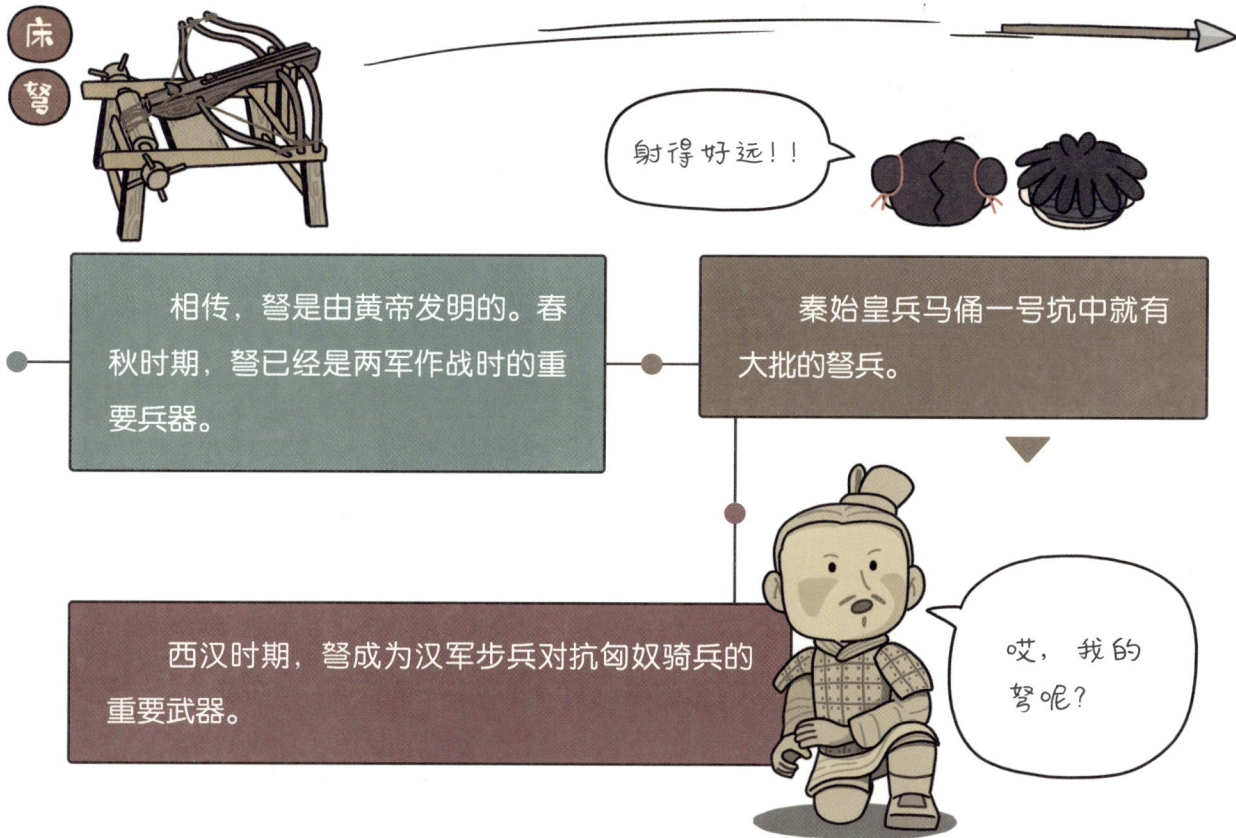

床弩

相传，弩是由黄帝发明的。春秋时期，弩已经是两军作战时的重要兵器。

秦始皇兵马俑一号坑中就有大批的弩兵。

西汉时期，弩成为汉军步兵对抗匈奴骑兵的重要武器。

由于作战需要，弩开始向射程更远、威力更大、使用机械力量发射的床弩发展。但是床弩又大又重，单兵无法使用，所以主要用来防守城池和营塞。但随着火器在战场上的使用，曾经笑傲战场的弩也不得不退出战场。

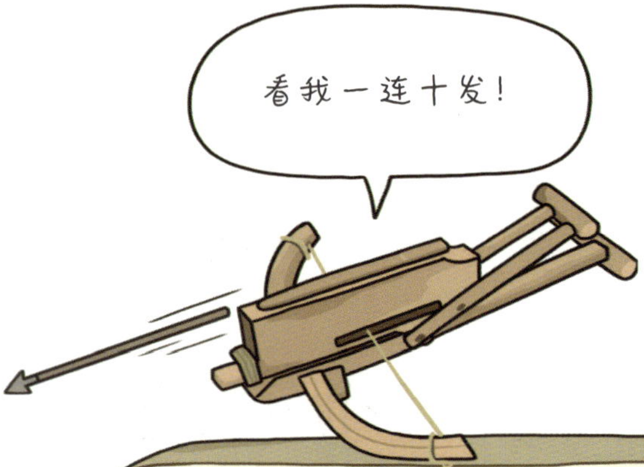

诸葛连弩是由三国时期的诸葛亮发明的，一次能发射十支箭，威力很强。

你知道吗？

聪明的古人为了让弩瞄射得更准，还在弩上安装了一种简易瞄准器。这个瞄准器有个非常好听的名字，你知道叫什么吗？

望山。

战国弩机的望山尚无刻度；到了西汉时期，就已经出现了带刻度的望山。发射的时候，人们通过望山瞄准目标后，向后扳动悬刀（扳机）等步骤，箭就会射出。

10

藏在衣袖里的秘密

袖箭

梅花袖箭

Lv. 7
𬘩
刘
yán
𬘩
要的就是这种出其不意的效果。
咻——

袖箭就是可以藏在袖子里的暗箭，它的最大特点就是小巧灵活，平时可以藏在宽大的衣袖中，一旦遇到危险，使用者只需按动机关，就可以将箭射出。

袖箭由箭筒和箭两部分组成。最初，箭筒大多用竹子制作，箭头一般用铁做成。为了增强杀伤力，箭头处有时还会涂上一些毒药。

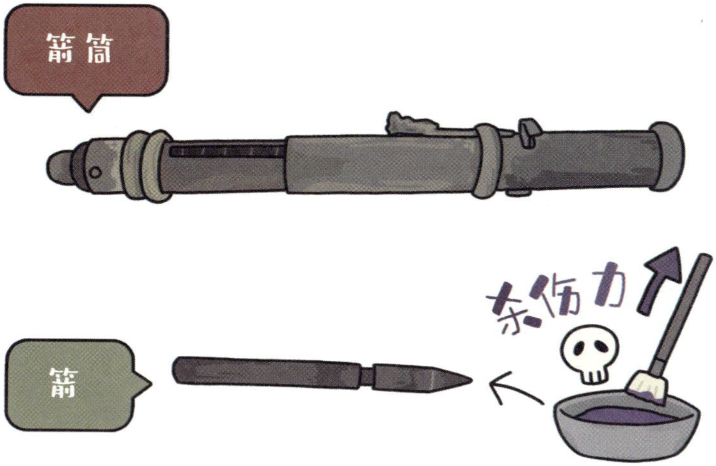
箭筒
箭
杀伤力

使用场合

两军交战时近身格斗中使用，也可做防身武器。

哼，你又暗箭伤人！
袖箭
出其不意，攻其不备！

相传，单筒袖箭是由一个北宋的道士发明的。不过，袖箭制作工艺真正成熟，要到清代末期。清末民初，有个叫徐石荪的人，江湖人称“小养由基”，他的袖箭技术可谓炉火纯青。

大家还记得我吗？我就是能百步穿杨的神射手。
养由基

你知道吗？

袖箭的种类有很多，单筒袖箭一次只能射出一支箭，那你知道梅花袖箭一次能够射出几支箭吗？

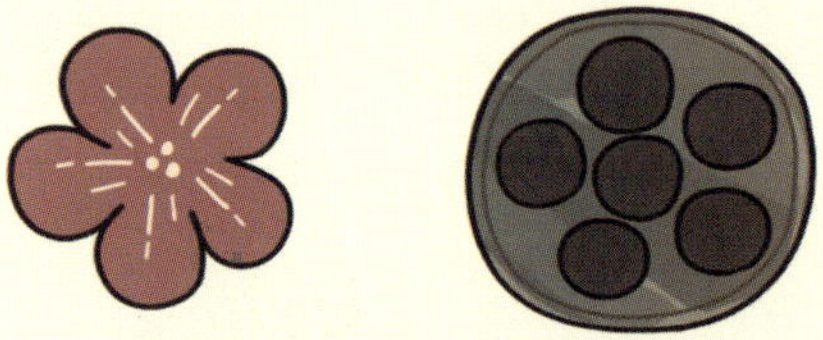

梅花袖箭一次能够连发六支箭。箭筒内装有六个小管，每个管子里各装着一支箭，六个管子排成如同梅花一般的形状，所以被称为梅花袖箭。

真的耶！这个名字好形象。

11

战场上的守护者

盾

藤牌

Lv. 13
牌

兄弟们，一起冲！
虎衣藤牌兵

牺牲小我，成就大我。

盾是防护类兵器。古代作战时，士兵一只手拿着盾牌，用来掩藏自己的身体和抵御来自敌人刀箭等武器的进攻；另一只手拿着刀或其他兵器击杀敌人，两者配合使用。

盾牌的发展历史悠久。相传，黄帝时期盾牌就出现了。商周的时候有长方形的青铜盾牌，春秋时期的盾牌还在纵中线的位置设计了凸起的纹样。

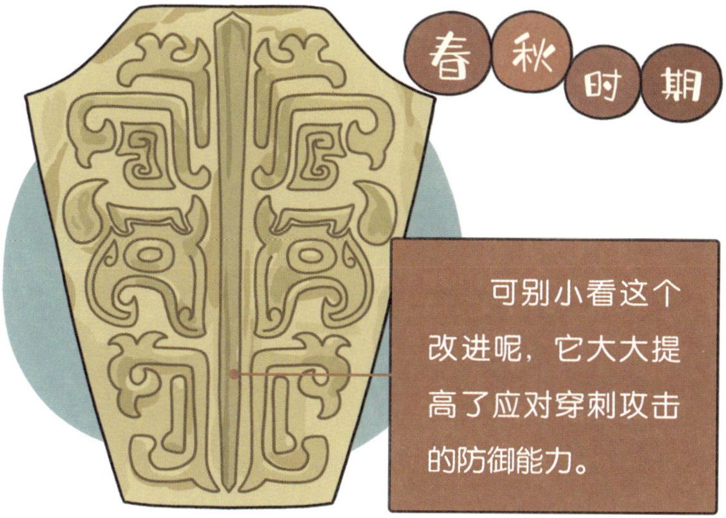
春秋时期
可别小看这个改进呢，它大大提高了应对穿刺攻击的防御能力。

使用藤牌作战在明代最为流行。这一时期，原材料选用的是山上的老粗藤，一般编制成圆盘状，中心凸出。和其他盾牌比起来，藤牌具有制作简单、轻巧灵活的特点。

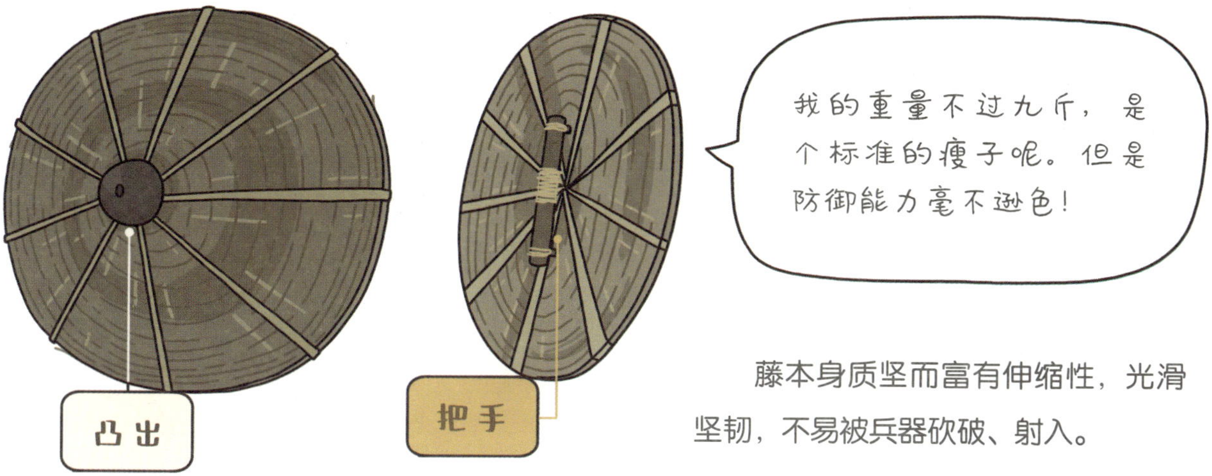
凸出
把手
我的重量不过九斤，是个标准的瘦子呢。但是防御能力毫不逊色！

藤本身质坚而富有伸缩性，光滑坚韧，不易被兵器砍破、射入。

你知道吗？

制作盾牌的材料非常丰富，铜、铁、皮革、木头、藤条、柳条等皆可使用，盾牌上还常常绘有各种图案或者镶嵌饰品。但这些图案大多是虎头、狮面这类，面目狰狞。那你知道为什么盾牌上要绘制这些张牙舞爪的图案吗？

难道是为了看起来更厉害？
除了显示威仪，最主要的目的是吓退敌人。

古人也有防弹背心

铠甲

龙鳞铠甲

Lv. 19
蚩

蚩尤
铠甲在身，无所畏惧。
生命：
这可是保命的装备！

相传铠甲是蚩尤发明的，是战士们穿在身上用来抵挡刀箭等武器进攻的防护装备。

早在原始社会时期，人们就用藤、木、皮革等原料制造出了简陋的原始铠甲。

木
头
人
糟糕，有点行动不便了。

这块兽皮就用在前胸吧，后背也需要一块大的。

到了商周时期，我们的祖先根据需要保护的不同部位，把兽皮切割成不同大小的皮革片，然后在上面打孔，再用绳子串起来。使用时，人们行动起来就方便多了，不过这类铠甲的防护能力很弱。

到了战国时期，人们开始制作铁铠甲，防御能力大大提升。

好看也是一种优势。

唐代的时候，在战场上除了使用铁甲和皮甲，还有一种绢甲，虽然防御能力低下，但胜在轻巧。

到了明清两代，军队中大量使用棉甲，对冷兵器和火器都有一定的防御能力。

你知道吗？

龙鳞铠甲相传是用龙鳞加上补天石制作而成的。龙鳞坚硬无比，用它制作出来的铠甲自然是一等一的神器。传说，蚩尤就曾经穿过这副铠甲。除了蚩尤，相传还有一位名将穿过，你知道他是谁吗？

吕布是也！
我来啦！我的装备都是最牛的！

13

帅气的头盔

zhòu
胄

清钵胄

Lv. 11
乾

乾隆
我是有点帅气在身上的。

我是升级版。

人类发明了各种武器去最大可能地杀伤敌人，当然也要想尽办法更好地保护自己。胄是专门为保护头部而出现的护具，类似于现在的头盔。因为常跟铠甲配套使用，所以在古代把它们统称为甲胄。

远古时代，人们用藤条和兽皮制作胄。

商周的时候用青铜制作，还在上面装饰兽面纹等图案。

好酷！

春秋战国时期，人们制作胄的技艺也越来越高超。在河北博物院就藏有一个战国时期的铁胄，穿戴者除了眼睛、鼻子和嘴巴露在外面，其他部位都罩在里面。

只有这里是露在外面的。
这是防晒面具吧。

当时的人们也尝试着突破整块铁皮的单一制造方式，用一块块的铁皮编组成胄，并且还有保护脖子的部分。

到了清代，胄的样式像个倒扣的钵，所以也称为钵胄。乾隆皇帝有一幅穿着甲胄的阅兵图，头盔上装饰着高高的枪缨，还镶嵌着珍珠、红蓝宝石等。

这是在炫富吧。
闪
耀

你知道吗？

制作胄的材料很丰富，有皮革、青铜、铁等。

这些材料里面铁的防护力最强，但也是最重的，再加上手里的武器，你猜猜一个士兵身上的负重有多少斤呢？

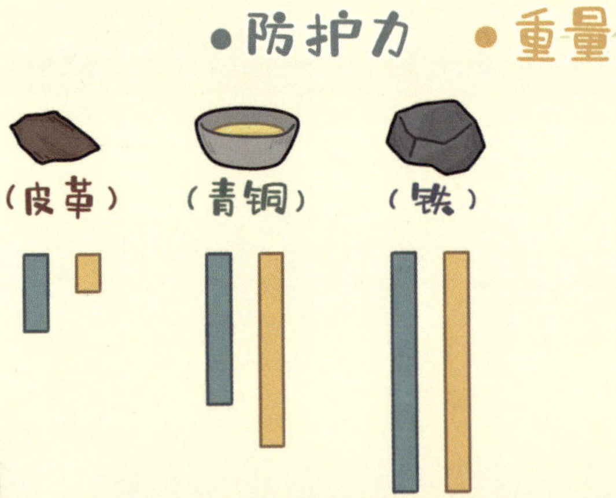
防护力
重量
（皮革）
（青铜）
（铁）

你们都是举铁大力士啊！

少则五六十斤，多则上百斤。

大炮的祖先

抛石机

霹雳车

Lv. 38
操
曹操
是时候拿出我的制胜法宝了。
怎么样，害怕了没？
害怕

抛石机是我国最早的“炮”，是古代战争中攻夺城池的远程抛射型武器。这个“炮”可以投掷巨石，轰击城墙，配合巨型弓弩一起，算得上是早期古代战场上最恐怖的重型兵器。

三国时期，各国都非常重视抛石机的制造和使用。

据说，在东汉末年袁绍与曹操之间的官渡之战中，曹军当时使用了一种可以移动的抛石机，摧毁了袁军很多的高台战具。曹军将这种具有强大杀伤力的抛石机称为“霹雳车”。

糟糕，这大怪物
又来了！
!!!

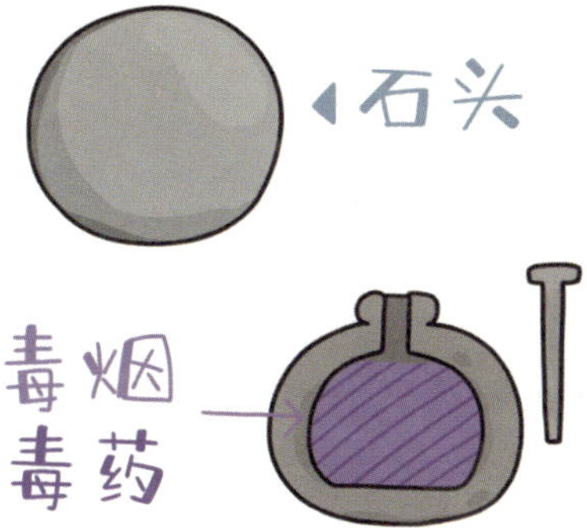
石头
毒烟
毒药

说起抛石机的“炮弹”，最常见的要数石头了。但是，聪明的古人还是把“炮弹”整出了很多新花样，例如有带上毒烟毒药的化学弹、燃烧弹等，可以称得上是最早的化学战了。

你知道吗？

唐宋以后，抛石机的种类更加丰富，大致可以划分为轻型、中型和重型三类。轻型抛石机主要用于近距离的作战，由两名士兵操作即可。机械抛石机则属于重型范畴，是破阵攻城的利器。经过改良，它的威力巨大，最关键的是不需要人力去拉炮索了。

那么重型的呢？

大家猜猜中型抛石机需要多少人一起帮忙拉炮索呢？

40~100人
70~100斤

中型抛石机发射石弹需要 40 到 100 人通力合作，一起努力；重型抛石机可抛出 70 至 100 斤重的大石头，射程可达 50 步左右。

15

威力无比的铁刺猬

铁蒺(jí)藜(lí)

铁蒺藜

Lv.22
亮

诸葛亮
我的发明可不少。
走在草丛里，可要小心呢。

蒺藜是种很寻常的植物，生长在田野、路旁及河边草丛里，蒺藜的果子长有尖刺。铁蒺藜就是模仿蒺藜的样子做成的尖锐铁器。

古代战场上，铁蒺藜常常被放在路上或者水里，用来阻碍敌人行进，延缓其行军速度。

又是这玩意！

到了战国时期，人们已使用铁蒺藜来进行防护了。

嘿嘿，来呀！

秦汉以后，铁蒺藜成为军队中常用的防御器材。除了在交通要道、城池四周等处放置，部队安营扎寨时也会在营区四周布设铁蒺藜。

铁兄弟，最近过得怎么样？
忙着工作呢！偷偷潜入营地的敌人都逃不过我们的尖刺。
地雷

宋代以后，铁蒺藜的种类开始多了起来，有放在水中的，有放在木板上的，还有专门阻拦战马的，有些还会在铁蒺藜的刺上涂上毒药。

你知道吗？

有一种兵器威力巨大，一头装柄；一头是圆形，上面铸有铁刺。

擦着它就伤，挨着它就死，这就是《三国演义》里五溪蛮王沙摩柯使用的兵器。你知道这种兵器叫什么名字吗？

铁蒺藜骨朵

16

通往天空的阶梯

云梯

宋代云梯

Lv. 8
鲁

不要在我的门前弄大斧。
鲁班
夸张夸张啦。

云梯顾名思义就是高耸入云的梯子。在古代是士兵用于攀爬城墙的攻城器械，其另一个作用是可以登高望远、探察敌情。

古代的云梯有些带有轮子，称为“云梯车”，可以推动它行驶。此外，云梯上还配有能钩住城墙的钩子。

怎么推不动！
钩子
有了我们，能一定程度上保护云梯免遭守军的破坏和推拒。

当然，我们已经不是原来笨重的模样啦！
消防
119

明代以后，随着火器的出现，笨重巨大的云梯已无法抵御火器的进攻，于是逐渐退出了战场。不过，在现代社会，消防员救火抢险的时候还是常常会用到云梯。

你知道吗？

你知道云梯的发明者是谁吗?

一般认为是春秋时期鲁国的能工巧匠鲁班。当时，楚惠王为了达到称雄的目的，就命鲁班制造出一种可以攀爬城墙、帮助攻城的器械，于是有了历史上的第一架云梯。

17

古代的炮弹

爆炸类火器

万人敌

火器的威力和破坏力远大于冷兵器，所以继冷兵器后它逐渐成为古代战场上的主要武器。

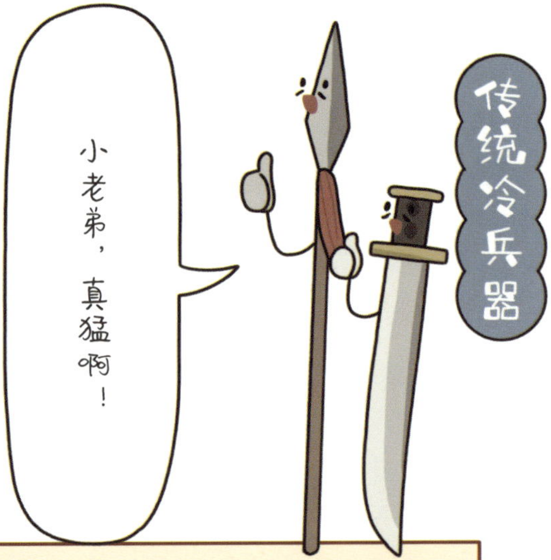

爆炸类的火器最早起源于北宋时期。人们将火药装在炮弹内，当引火线被点燃后，炸药随即引爆，威力巨大，可炸死、炸伤敌人，还能炸毁城墙等各种建筑设施。

爆炸类火器里有一种叫震天雷的，是金人发明的。它的外壳用生铁制成，里面装着火药、铁蒺藜、铁片、碎石等。

使用的时候先点燃引线，再用抛石机发射出去，爆炸后弹片四溅，甚至可以穿透铁甲。

守城第一器

万人敌也是爆炸类火器里的一种，发明于明代末期，专供守城士兵使用。制作的时候先用泥做成空心圆球，周围打上小孔，晾干后装上火药和一些有毒物质，并从中通出火线，再将其装入木框或木桶中。当敌人攻城时，点燃引线抛至城下，万人敌便会向四面喷射，并不断旋转，烧灼敌军将士。因为它制作简单，取材方便，杀伤功能又强，所以被称为“守城第一器”。

你知道吗？

在抗日战争最艰难的那段日子里，我们的武器装备很差，也没有好的枪支弹药，中国共产党领导着劳动人民，就地取材，制作简易的武器对抗敌人。这种武器不但有一定的杀伤力，而且还不易被敌人发现，你知道是什么吗？

那就是地雷，地雷战也成为当时一种非常重要的作战方式。大家就地取材，利用废铁、玻璃、石头等制造地雷，将其埋在村口、山野、林间草丛等敌人必经或可能经过之地，配合主力部队共同御敌，在战场上发挥了重要的作用。

18

为了胜利，开炮吧！

管状类火器

红夷大炮

管状类火器大家一定都不陌生，现代的枪和大炮都属于这类武器。

枪

我们可以说是同类哦。

大炮

管状类火器因为可以进行较为精准的攻击，杀伤力又非常大，往往成为决定一场战争胜负的关键。

明代时，管状类火器主要分为两大类：火铳和大炮。

火铳（chòng）

明代后期军队中开始使用鸟铳，鸟铳由欧洲国家发明，传入中国后明军开始仿制。因为可以射落飞鸟，所以大家就叫它鸟铳。

我的体积
比较小。
鸟
铳

虎
蹲
炮

我们的块头儿就大多了。
大
炮
红
夷

大炮

中国古代的大炮主要有虎蹲炮和红夷大炮两种。虎蹲炮之所以叫这个名字，是因为大炮的外形像一只蹲坐在地上的老虎。虎蹲炮的射程不算远，但是胜在一次能发射上百枚炮弹，而且跟其他的大炮相比，它的身材算得上娇小，没有那么笨重。

你知道吗？

为什么这种大炮叫作红夷大炮呢？

是因为它是红色的吗？

不是这样的。那会儿，荷兰殖民者侵犯我国的沿海地区，他们用一种大炮击败了明军。当时，中国人称荷兰人为“红毛夷”，所以这种炮就被称为红夷大炮。

怪我是红头发喽。
荷兰人
那如果他们是蓝色头发的话，就该叫蓝夷大炮了吧。

索引

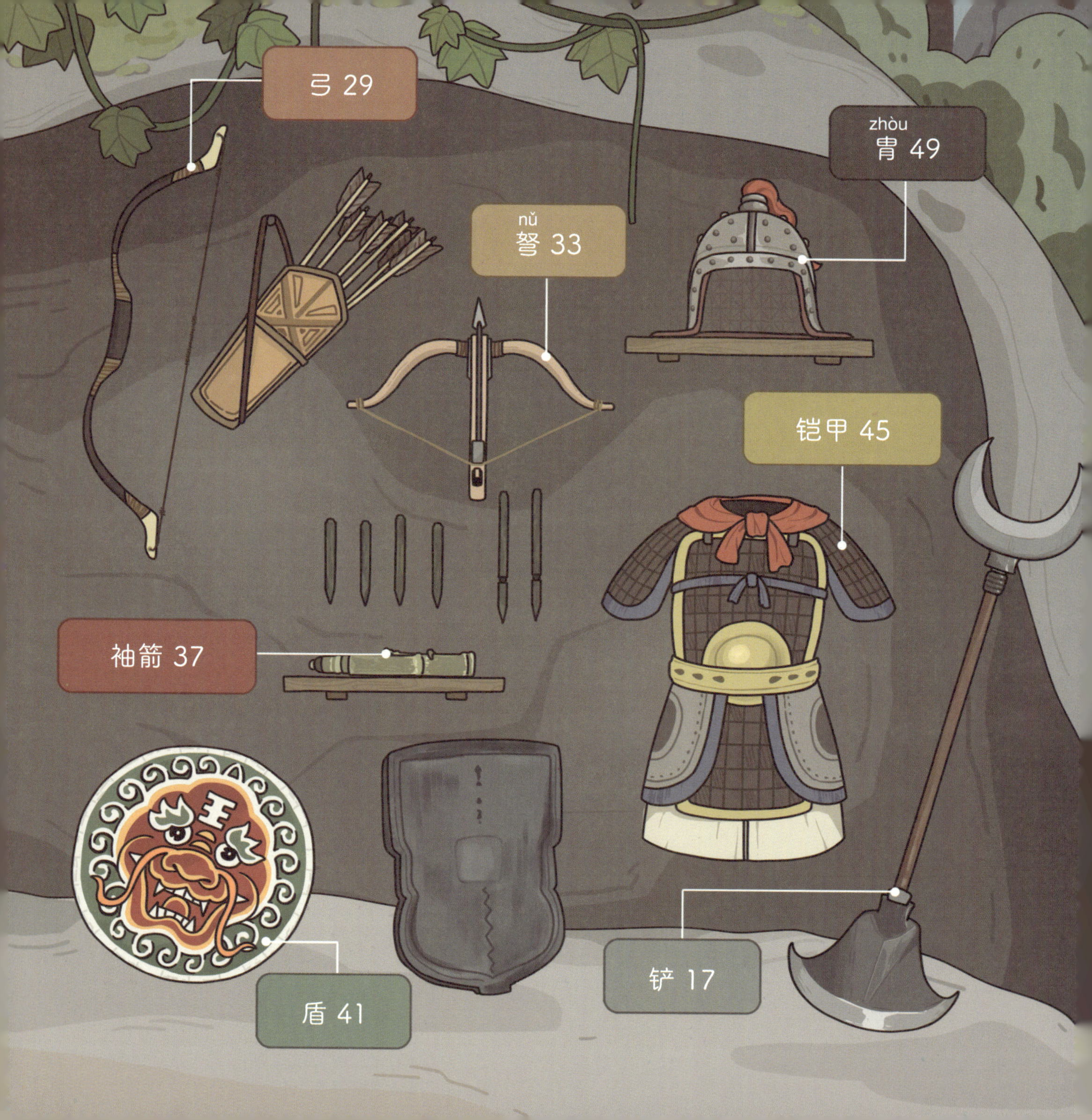

弓 29
zhòu
胄 49
nǔ
弩 33
铠甲 45
袖箭 37
铲 17
盾 41

爆炸类火器 65
管状类火器 69
云梯 61
抛石机 53
jí lí
铁蒺藜 57

接下来，请家长帮助小朋友剪下问题卡片，

让我们开启“你问我答”的游戏之旅吧！

难度 ★★★☆☆☆

商代的剑是用什么材料做成的？

难度 ★★☆☆☆☆

越王勾践剑的剑身上刻有什么样的花纹呢？

难度 ★★★★☆☆

战神关羽常用的兵器叫什么名字呢？

难度 ★★★☆☆☆

刀是从什么时候开始成为真正的兵器的？

难度 ★☆☆☆☆☆

最早的刀是用来干什么的呢？

难度 ★★★★☆☆

戟是个组合兵器，你知道它是由哪两部分组成的吗？

流淌的中华文明史

答案：青龙偃月刀

流淌的中华文明史

答案：黑色暗格花纹

流淌的中华文明史

答案：青铜

流淌的中华文明史

答案：戈和矛

流淌的中华文明史

答案：切割、宰杀猎物或者砍削器物

流淌的中华文明史

答案：秦汉时期

难度

《三国演义》中的第一猛将吕布使用的武器是什么？

难度

吕布的坐骑是一匹很有名的战马，你知道它的名字吗？

难度

枪的长度大约是多少？

难度

枪上会有枪缨，枪缨有什么作用呢？

难度

枪杆一般是用什么材料制成的？

难度

《西游记》中沙和尚使用的武器叫什么？

流淌的中华文明史

答案：成年男性直立后，其手臂伸直向上至指尖的高度。

流淌的中华文明史

答案：赤兔马

流淌的中华文明史

答案：方天画戟

流淌的中华文明史

答案：降妖宝杖

流淌的中华文明史

答案：木头或者竹子

流淌的中华文明史

答案：扰乱敌人的视线，阻止敌人的血液流到枪杆上。

难度

《西游记》中猪八戒使用的是什么武器呢？

难度

月牙铲由哪三部分组成？

难度

在《水浒传》中，哪位梁山好汉的兵器叫水磨禅杖？

难度

近身格斗时，适合用什么武器呢？

难度

你知道，荆轲刺秦王时，用的是什么武器吗？

难度

旧石器时代的匕首是用什么材料制成的？

流淌的中华文明史

答案：鲁智深

流淌的中华文明史

答案：铲头、铲柄和铲尾

流淌的中华文明史

答案：九齿钉耙

流淌的中华文明史

答案：石头、兽骨

流淌的中华文明史

答案：徐夫人匕首

流淌的中华文明史

答案：匕首

难度 ★☆☆☆☆☆

比匕首更小巧，专门用来投掷的武器叫什么？

难度 ★★★★☆☆

相传，双节棍是由谁发明的？

难度 ★★★☆☆☆

李小龙在哪部电影中塑造了手持双节棍的经典形象？

难度 ★★★☆☆☆

弓作为军中常用的武器，它是什么时候逐渐退出了战争舞台的？

难度 ★★★★☆☆

大约从什么时期开始，弓箭已经成为非常普遍的作战武器了？

难度 ★☆☆☆☆☆

诸葛亮发明了一种外形类似弓的武器。它叫什么呢？

流淌的中华文明史

答案：《精武门》

流淌的中华文明史

答案：赵匡胤

流淌的中华文明史

答案：飞镖

流淌的中华文明史

答案：诸葛连弩

流淌的中华文明史

答案：春秋战国时期

流淌的中华文明史

答案：第一次鸦片战争时期

难度 ★★★★☆☆

古人在弩上安装了一种简易的瞄准器，它叫什么？

难度 ★★★★★★

弓、床弩、强弩三者中，谁的杀伤力最强呢？

难度 ★☆☆☆☆☆

诸葛连弩一次能射出多少支箭？

难度 ★☆☆☆☆☆

袖箭是由哪两部分组成的呢？

难度 ★★★★☆☆

梅花袖箭一次能发射几支箭呢？

难度 ★★☆☆☆☆

藤牌在哪个朝代最为流行呢？

流淌的中华文明史

答案：十支

流淌的中华文明史

答案：床弩

流淌的中华文明史

答案：望山

流淌的中华文明史

答案：明代

流淌的中华文明史

答案：六支

流淌的中华文明史

答案：箭筒、箭

难度 ★★★☆☆☆

制作盾牌的材料你能说出几种呢？（至少 3 种）

难度 ★★★★★★

在纵中线处特意设计了凸起纹样的盾牌是在什么时候出现的呢？

难度 ★★★☆☆☆

相传，铠甲是由谁发明的？

难度 ★★★★☆☆

唐代的战场上，除了铁甲、皮甲，还有什么材质的铠甲呢？

难度 ★☆☆☆☆☆

古代战场上专门用来保护头部的护具叫作什么？

难度 ★★☆☆☆☆

远古时候，人们用什么材料来制作胄？

流淌的中华文明史

答案：蚩尤

流淌的中华文明史

答案：春秋时期

流淌的中华文明史

答案：铜、铁、皮革、藤条、柳条等

流淌的中华文明史

答案：藤条、兽皮

流淌的中华文明史

答案：胄

流淌的中华文明史

答案：绢甲

难度 ★★☆☆☆☆

中型抛石机发射石弹一般需要几个人通力合作呢？

难度 ★☆☆☆☆☆

这个浑身长满刺的武器叫什么？

难度 ★★☆☆☆☆

这个长得像个榴梿的武器叫什么名字？

难度 ★★★☆☆☆

在古代战场上，铁蒺藜作为防御性武器是如何使用的呢？

难度 ★☆☆☆☆☆

在古代，用于攀爬城墙的攻城器械叫作什么？

难度 ★★★★☆☆

云梯相传是由谁发明的呢？

流淌的中华文明史

答案：铁蒺藜骨朵

流淌的中华文明史

答案：铁蒺藜

流淌的中华文明史

答案：40 到 100 人

流淌的中华文明史

答案：鲁班

流淌的中华文明史

答案：云梯

流淌的中华文明史

答案：放在路上或者水里

难度 ★★★☆☆☆

爆炸类的火器最早起源于什么时候？

难度 ★★★★★★

被称为“守城第一器”的爆炸类火器大名叫什么名字？

难度 ★★★☆☆☆

现代的枪和大炮属于什么类型的武器？

难度 ★★★★★★

明代将管状类武器分成了哪两大类？

难度 ★★☆☆☆☆

中国古代的大炮主要是哪两种？

难度 ★★★★★★

你知道，红夷大炮名字的由来吗？

流淌的中华文明史

答案：管状类火器

流淌的中华文明史

答案：万人敌

流淌的中华文明史

答案：北宋时期

流淌的中华文明史

答案：明代时，百姓称荷兰人为“红毛夷”，当时荷兰人用一种大炮击败了明军，所以这种炮被称为“红夷大炮”。

流淌的中华文明史

答案：虎蹲炮、红夷大炮

流淌的中华文明史

答案：火铳和大炮